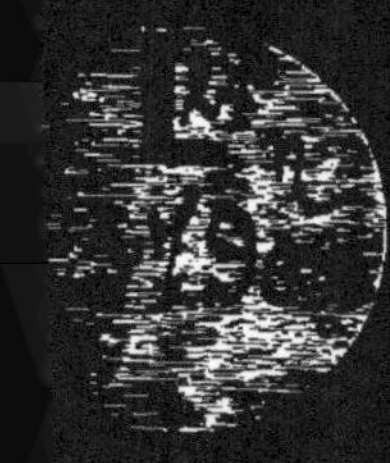

CAMILLE

PAR

JACQUES PEYRAT

Prix : 50 cent.

DÉPOT

CHEZ DUVERNEUIL, LIBRAIRE

rue Neuve d'Argenson, à Bergerac

1863

LETTRE

à l'Auteur du « Caméléon. »

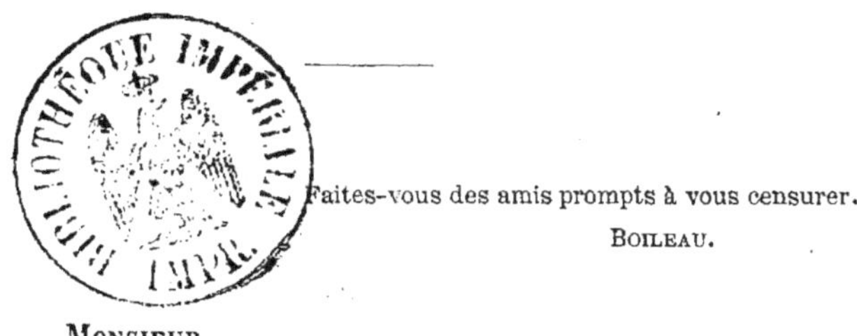

> Faites-vous des amis prompts à vous censurer.
>
> Boileau.

Monsieur,

Il est dans la nature de l'homme de s'attacher à l'homme, de ne vivre que de sa vie, de se réjouir parce qu'il se réjouit, de pleurer parce qu'il pleure ; et cette conformité de l'homme à l'homme s'explique très bien par le désir de chacun de nous à concentrer nos affections en quelqu'un qui puisse y correspondre.

Cette amitié ici-bas dure parfois longtemps ; parfois deux êtres, qu'un même caractère a unis dès l'enfance, vécurent et marchèrent vers la tombe toujours unis, toujours liés, si l'on peut dire, par la chaîne douce et légère de l'amour fraternel, et l'on a pu dire plus d'une fois ce que le poète de la raison, Horace, disait du cygne de Mantoue, Virgile, dans cette belle ode bien connue de tous les humanistes, où le lyrique s'adresse au vaisseau sur lequel s'était embarqué Virgile partant pour Athènes :

Animæ dimidium meæ.

Or, cette amitié ne s'est pas rencontrée seulement dans les temps anciens ; on la vit dans nos temps modernes, on la trouve partout, et, permettez-moi de le dire ici, cette même amitié nous a unis jadis. L'un et l'autre avons passé nos jeunes années dans le même Établissement, nous suivions la même classe, et souvent nous nous sommes combattus avec vigueur ; chacun trouvait dans son condisciple un terrible antagoniste. Aujourd'hui, depuis les longues années que nous avons passées loin l'un de l'autre, jetés pour ainsi dire dans des postes qui, quoique diamétralement opposés, tendront peut-être à nous rapprocher un tant soit peu, puisque, dit-on, les extrêmes se touchent, il est à présumer que mes regards ne reconnaîtraient pas en vous l'ancien camarade d'enfance, et sans nul doute vous ne verriez plus en moi celui qui se plut à se montrer votre rival dans les études, tout en demeurant du reste toujours votre affectionné.

Mais, Monsieur, si depuis longues années nous avons abandonné les mêmes études classiques, et si depuis ces mêmes années chacun n'a pas eu l'occasion de jouir de la présence de son ami d'enfance, voilà qu'aujourd'hui nous nous retrouvons dans une voie fréquentée d'un petit nombre, et où je vous aperçois très bien malgré le degré de vitesse qui nous sépare dans notre marche. Cette voie qu'un petit nombre fréquente, mais où beaucoup ont déjà passé, c'est celle que l'harmonieux Ovide nous décrit comme conduisant au palais de la Renommée, que les auteurs anciens nous indiquent pour arriver au temple des Muses, au sommet du Parnasse, celle enfin, pour parler moins mythologiquement, celle où marchent tous les hommes qui comprennent cette pensée d'un grand académicien du siècle dernier, que « rougir d'écrire, c'est rougir de penser, c'est être honteux d'éclairer son siècle. »

Ainsi, vous avez embrassé la carrière littéraire, et vous êtes heureux de donner au public comme au monde savant le fruit si précieux de vos veilles. Je me suis jeté aussi dans cette carrière éminemment honorable quand elle est bien fournie, et en dehors de mes occupations habituelles je sais trouver quelques instants de loisir que je consacre aux Muses. Donc, l'un et l'autre nous disons avec le poète que j'ai cité en commençant :

> Me doctarum hederæ præmia frontium
> Dîs miscent superis, me jelidum nemus,
> Nympharumque leves cum satyris chori,
> Secernunt populo; si neque tibias
> Euterpe cohibet, nec Polyhymnia
> Lesboum refuget tendere barbiton

Il ajoute :

> Quod si me lyricis vatibus inseres,
> Sublimi feriam sidera vertice.

Je ne puis que vous engager à poursuivre cette noble carrière qui a pour but d'éclairer les hommes et de les rendre meilleurs.

En ne rougissant pas d'écrire, vous ne rougissez pas de penser; en aimant à écrire, vous montrez que vous êtes capable de penser, et par là que vous comprenez le devoir imposé à tout écrivain, celui d'éclairer son siècle.

Mais pour qu'un auteur pense bien, écrive bien, éclaire bien son siècle, il faut qu'il ait la liberté de penser et d'écrire, et que personne ne vienne mettre obstacle à ses bonnes intentions.

Si un homme puissant m'enlève toute faculté d'écrire, que deviendront mes facultés littéraires, mon désir d'auteur? Que deviendrai-je en un mot moi-même, puisque je ne serai plus dans mon élément, comme le petit poisson qu'on a mis hors de l'eau? Nous devons donc désirer la liberté de l'écrivain; il nous la faut, elle nous est indispensable; il nous la faut, pour écrire comme nous l'entendons; il nous la faut pour faire les ouvrages qui nous conviennent le mieux, pour traiter les questions vers lesquelles notre esprit nous porte davantage; il nous la faut, enfin, pour que nous puissions diriger à notre gré la lumière vers le point du monde assis dans les ténèbres, pour éclairer de l'éclat des lettres et des sciences, de l'éclat surtout de la vérité, ceux qui ne jouiraient pas de cette divine clarté sans laquelle les hommes marcheraient encore à tâtons, malgré la diffusion de l'enseignement, la vulgarisation de tout ce qui est nécessaire, indispensable à l'homme.

La liberté est donc nécessaire. J'entends la liberté d'écrivain; car vous comprenez, Monsieur, que je ne viens pas traiter ici une question politique : cela ne m'appartient pas.

Je dis donc qu'il faut que nous soyons libres; et, à l'aide de cette liberté, sans laquelle nous n'oserions rien tenter, nous pouvons facilement appeler les hommes à la connaissance de la vertu et à celle de la science, et leur imprimer un noble élan vers le vrai, le bon et le beau. L'objet de la science est le vrai; la morale s'attache à montrer le bon; la littérature s'applique à rechercher le beau, et le beau, a dit Platon, est la splendeur du vrai. Nous savons que la fin des belles-lettres est de perfectionner l'homme avec toutes ses facultés; mais, pour atteindre ce but, il faut que l'auteur soit libre, et voilà pourquoi je parle de la liberté de l'écrivain.

Vous savez, Monsieur, que les auteurs du xviie siècle ont parfaitement connu le but des belles-lettres; ils ont su ce qu'ils devaient aux hommes, ils les ont éclairés. Le siècle dernier — siècle impie maudit à jamais ! — oublia un but si noble, et la littérature, jetée sur une voie qui n'était point la sienne, porta la démoralisation dans tous les esprits, en les conduisant à l'athéisme. Bien écrire, dit Buffon, c'est tout à la fois bien penser, bien sentir et bien rendre ; c'est avoir en même temps de l'esprit, de l'âme et du goût. Or, j'ose dire que si l'on trouva de l'esprit et du goût dans le xviiie siècle, on n'y trouva point d'âme, et vous savez quel fut le terrible dénouement d'un drame comme celui-là.

La littérature de ce même siècle pécha encore en ce qu'elle ne fut point élevée. Et comment eût-elle été à la hauteur de celle du grand siècle, puisque, comme je viens de le dire, il n'y avait point d'âme, et que c'est seulement « quand l'âme est élevée, que les paroles tombent de haut et que l'expression noble suit toujours la noble pensée ? »

Ce siècle-là porta les hommes à la dépravation. Vous savez quelles furent les suites d'une telle littérature ; vous savez quels ont été les résultats des maximes d'un Voltaire et de son école ; vous n'ignorez pas non plus jusqu'où peut aller un mot glissé en passant, et que le vulgaire ne laisse point échapper ?

Or, Monsieur, — et je ne veux pas tarder davantage à en venir au fait, — j'aime à croire que nous ne sommes plus dans le xviiie siècle, et que cette école n'a plus de disciples. J'aime à croire encore que le xixe, auquel je me fais gloire d'appartenir, ne suit pas les principes de celui qui l'a précédé ; mais, hélas ! que de livres ne voit-on pas qui, pour ne pas attaquer directement tout ce qu'il y a de vrai, de bon et de beau ; pour ne pas dire comme le philosophe bien connu : « Dans vingt ans, tu auras beau jeu, » — ne laissent pas néanmoins de porter, eux aussi, quoique plus timidement, un fort coup à ceux qu'ils attaquent en passant, et une atteinte, quand ils le peuvent, à ceux qu'ils paraissent respecter, mais à la chute desquels ils travaillent !

De ces livres, les uns tendent à tout détruire : ce sont les mauvais, ceux qu'il faudrait à jamais bannir du sol français, ou plutôt bannir du milieu des hommes ; les autres cherchent à jeter le ridicule sur ceux qui ont le malheur d'être en butte à leurs sarcasmes, et il ne faudrait pas moins apprendre à leurs auteurs qu'une plume française devrait faire dire de meilleures choses à un livre écrit dans une langue qui, comme la nôtre, est la première d'entre les langues des hommes.

Il est aussi une foule d'ouvrages, d'opuscules, de brochures de toute espèce, où l'on trouve des raisonnements mal basés, des propositions peu rationnelles, des conséquences forcées et sans quelque ombre de bon sens. Je ne m'étudierai pas à vous citer la quantité innombrable de ces sortes d'ouvrages; je ne chercherai pas à vous prouver tout ce que j'avance, car je ne le crois nullement nécessaire, et ce que je dis, tout le monde le dit : les preuves que vous me demanderiez pourraient être demandées à tout le monde; celles que je donnerais, tout le monde pourrait les donner.

Mais, Monsieur, il est une brochure que je viens de lire : en l'ouvrant, j'espérais y trouver un quelque chose qui me révélât son auteur; je pensais y voir une netteté, dans l'ensemble, que tout lecteur a droit de demander aux ouvrages qu'il lit, et que tout écrivain, d'ailleurs, ne peut manquer de posséder s'il est véritablement digne de demander un nom à la presse. J'étais autorisé à exiger que l'opuscule dont je parle n'attaquât point l'enseignement de l'histoire; que les appréciations, faites quelquefois par une simple phrase, ne heurtassent pas — je ne dis point mon jugement personnel, — mais l'opinion publique, surtout lorsque cette opinion est reconnue, appréciée, approuvée, éminemment applaudie par le monde savant comme aussi par le lecteur vulgaire. Je voulais enfin, — ce que veut d'ailleurs tout lecteur, — qu'un livre qui a la prétention de commander les applaudissements, méritât, en premier lieu, de donner du travail à un imprimeur et d'arracher un lecteur à ses occupations pour qu'il se donne la peine de le lire, et, en second lieu, qu'il ne vînt pas souffler à l'oreille de tout le monde un mot contre la plume qui l'écrivit.

Cependant, la brochure en question ne possède pour toute qualité qu'un fatras de réminiscences, qu'un exposé de la science de son auteur, couronné par un style qui donnerait à réfléchir à tous ceux qui l'analyseraient, s'ils faisaient l'application de ce mot bien connu du célèbre académicien dans son discours de réception : *Le style est l'homme même.*

J'aime à croire néanmoins qu'ici le mot de Buffon ne peut être appliqué, et quoique avec les littérateurs je l'approuve partout, je me crois obligé de le rejeter aujourd'hui malgré les dix mille voix qui me pressent d'en agir au contraire.

Mais j'ai hâte de trancher le nœud. Le Macédonien, conquérant de l'Asie, employa son épée pour trancher à Gordium le nœud historique; je puis bien en ce jour me servir de ma plume, et tout court je vous nomme le *Caméléon*.

Je suppose, Monsieur, que lorsque vous vous êtes mis en tête de composer votre ouvrage, vous vous êtes d'abord occupé de savoir quelle histoire, quel fait, quel sujet vous vouliez exposer à vos lecteurs, et qu'après avoir pris pour sujet de votre œuvre un pauvre individu que vous avez nommé *Caméléon*, vous avez formé le plan de votre ouvrage selon les principes de la littérature.

Or, permettez-moi de le dire, — et vous me le permettrez bien sans doute, car ce n'est pas seulement mon sentiment personnel, mais aussi celui de tous vos lecteurs, ce n'est pas du tout une hyperbole, — la brochure en question manque de sens, ou plutôt (il faut bien que je vous rende justice) quand on a lu le *Caméléon*, il reste dans l'esprit cette pensée : Qu'a voulu dire l'auteur? qu'est-ce que cet auteur? sait-il ce qu'il veut dire? se comprend-il lui-même?

Sans doute, chacun veut bien croire que l'auteur n'ignore point ce qu'il a voulu dire; sans doute, je sais bien qu'on ne peut pas vous faire l'injure d'avoir livré au public une brochure qui n'a aucun sens, aucune pensée, aucun but dans votre esprit; car qui pourrait avoir fait une pareille chose?

Assurément, j'aime à croire que personne ne serait capable d'une telle sottise, de tomber dans une telle absurdité; et je dirai en particulier que je pense que vous êtes, au moins aujourd'hui, ce que vous fûtes jadis, un jeune homme de bon sens et de goût, de jugement, de netteté de vues.

Comment donc expliquer l'opposition que chacun trouve entre la brochure le *Caméléon* et ce que doit être un auteur, l'opposition que je trouve moi-même entre cette même brochure et vous, Monsieur, mon camarade d'enfance et d'études?

Je laisse à plus savant le soin de l'expliquer, et pour moi, qui suis bien forcé pourtant de vous reconnaître comme auteur de l'opuscule, je poursuis mon examen.

Après avoir parlé en général de l'ouvrage en question, il est bon — et il entre d'ailleurs dans mon plan — de passer en revue les points principaux de votre écrit.

Vous comprenez sans doute que je ne m'arrêterai pas à chaque phrase, à chaque membre de phrase, ce qui pourtant ne serait point inutile, et l'on peut croire que de cette simple lettre je ne veux pas faire un in-folio. Aussi devrai-je me borner, et je passe immédiatement à votre première phrase, où je ne puis m'empêcher de trouver un trait d'originalité. Comment donc commencer un ouvrage par ces mots : L'an 1963 il y aura un siècle......... Et savez-vous d'abord si l'année 1963 existera jamais? Mais quand même! si vous ne vouliez pas dire tout simplement : Il y a quelques mois que vivait, etc....., n'auriez-vous pas pu chercher quelque entrée en matière moins originale, plus simple, plus commune et d'accord avec tout le monde?

Permettez-moi, Monsieur, de vous rappeler le précepte du législateur du Parnasse français :

> Que le début soit simple et n'ait rien d'affecté.

Mais puisque le *Caméléon* me fait voir que vous n'ignorez point les auteurs latins, et que vous aimez même leur société, laissez-moi vous répéter ce que l'un d'eux écrivait dans sa lettre aux Pisons :

> Nec sic incipies, ut scriptor cyclicus olim :
> « Fortunam Priami cantabo, et nobile bellum. »
> Quid dignum tanto feret hic promissor hiatu?
> Parturient montes, nascetur ridiculus mus.
> Quanto rectius hic qui nil molitur inepte !
> « Dic mihi Musa, virum, captæ post tempora Trojæ,
> Qui mores hominum multorum vidit et urbes. »
> Non fumum ex fulgore, sed ex fumo dare lucem
> Cogitat, ut speciosa dehinc miracula promat,
> Antiphaten Scyllamque et cum Cyclope Charibdim.

Vous me permettrez, je pense, d'user ici de la même liberté que vous, de ne point donner la traduction de l'auteur que je cite, ni même l'indication précise, bien que je pusse dire que le vers cité plus haut, de Boileau, est dans l'*Art poétique*, chant III, et que ceux-ci, d'Horace, sont également dans son *Art poétique*, vers 136-145.

Mais en voilà beaucoup trop long sur un mot qui ne fait que dénoter un caractère original. Hélas! et qui n'est pas original ici-bas? Chacun l'est un peu plus, un peu moins; la poche de derrière de notre commune besace est aussi pleine que celle de devant, et de ce côté-là nous n'avons pas grand'chose à dire.

Avant de poursuivre, j'aime à confesser que ce n'est qu'un dictionnaire à la main que j'ai pu lire le *Caméléon ;* vous employez une foule de mots qui ne sont point reçus par l'usage, ou qui ne sont du moins connus que de ceux qui font les savants, qui ne se servent de certaines expressions que pour faire croire qu'ils ont beaucoup lu, et beaucoup profité : ce n'est que du pédantisme.

Cela posé, je vous demanderai ce que signifie cette phrase placée après deux points : *Il bénissait Mahomet d'avoir fait au chat le don de retomber toujours sur ses jambes.* On sait bien que vous faites allusion à la doctrine du Coran ; on sait bien la valeur de cette pensée ; mais comment l'avez-vous rattachée à votre texte après deux points ? Vous vouliez que l'on sût que vous aviez lu cette phrase dans quelque livre du jour, car on ne peut pas soupçonner qu'un véritable savant fasse de telles parades de savoir.

Je ne fais que vous citer cette dernière phrase : *Et par suite faisait tourner ses idées comme une crème.* Vous vous rappeliez sans doute avoir vu dans l'*Iliade*, à la fin du Vᵉ chant, une comparaison prise du lait que l'on fait tourner :

ὡς δ'ὅτ' ὀπὸς γάλα λευκὸν ἐπειγόμενος συνέπηξεν,
Ὑγρὸν ἐὸν· μάλα δ'ὦκα περιστρέφεται κυκόωντι.

Vous oubliez cependant que la comparaison d'Homère ne pouvait pas autoriser la vôtre.

A la page 2, où vous racontez la rencontre du lézard, je ne puis m'empêcher de rire du mot : *il resta,* à propos du bedeau dont les genoux se dérobent sous lui. Ce mot, selon moi, loin d'augmenter l'effroi du lecteur en racontant celui des assistants, lui décèle tout ce qu'il y a d'invraisemblable dans le récit. Et puis, quand avez-vous vu que, parce qu'il sait qu'un homme a rencontré un lézard, un bedeau ait voulu courir mettre en branle toutes les cloches de la paroisse ? Dans toute narration, dans tout récit, le lecteur doit trouver de la vraisemblance. Même avec l'unité, un récit n'est plus intéressant. Or, je vous demande, quelle foi ajouter en un auteur dont les premières phrases nous font voir qu'il ne va rien dire de vrai ?

Pour moi, je me ris déjà d'un tel écrivain, qui ne sait pas dès le début m'intéresser et m'attacher à ce qu'il va m'expliquer, me faire croire qu'il dit le vrai, et qui, lors même que je sais que sa narration est une narration fabuleuse, ne me montre pas les deux qualités de *vraisemblance* et *d'intérêt progressif.*

Après votre vers du Dante, je lis : *Un caméléon !... Comment se trouvait-il là? D'où venait-il? Qui sait, peut-être des nues? Ne voit-on pas,* etc... Cette phrase seule, ne m'aurait-on pas dit votre nom, m'aurait fait soupçonner quel est l'auteur de la brochure. Je ne me rappelle que trop votre style et votre manière de parler. Aussi, pour cette phrase, je peux bien répéter l'un des vers que j'ai transcrits ci-dessus :

> Non fumum ex fulgore...

Lorsque le bedeau fut revenu de sa panique, dites-vous à la page 3, il s'empressa de rapporter à M. le curé l'effroyable nouvelle que la Renommée envoyait en notes éclatantes aux quatre coins du Périgord. — Mais pourquoi, alors, puisque ses genoux ne se dérobaient plus sous lui comme tout à l'heure, pourquoi n'allait-il pas mettre en branle toutes les cloches de la paroisse? Sans doute qu'il voyait que pour un lézard il n'en valait pas la peine, et vous ne pouvez manquer de l'approuver avec moi de n'avoir pas donné l'éveil à tous les bons paysans des environs.

Or, Monsieur, réfléchissez bien à ce que je vais vous dire : Vous avouez avec moi qu'il ne valait pas la peine de faire accourir les habitants de la paroisse pour un pauvre lézard, un caméléon; et vous ne remarquez pas que vous-même, pour ce même lézard, pour ce même caméléon, vous attirez l'attention des deux départements de la Gironde et de la Dordogne, de tous les habitants de ces deux pays? Ah! il serait préférable que le bedeau eût mis en branle les cloches de la paroisse, que les paroissiens fussent accourus voir l'énorme lézard! et que vous n'eussiez point écrit votre brochure : il y aurait moins de mal; tant de lecteurs du *Caméléon* n'auraient pas perdu à le lire un temps si précieux, qu'ils auraient pu employer à des choses plus utiles et autrement nécessaires.

Je vous passe, à cette même troisième page, la remarque que vous avez faite au sujet du petit garçon beaucoup plus tapageur que la petite fille. Je ne dis même rien de l'application que vous voulez en faire à l'influence des esprits forts sur les esprits faibles; mais il faut bien s'arrêter un peu sur la fin de cette phrase : *Expli-*

quer... *le renversement que devait infailliblement opérer le prêtre dans les idées du Caméléon*. Il semble que vous faites du prêtre un tyran, comme vous avez fait du petit garçon un *tyranneau* à l'égard de la petite fille. Or, Monsieur, avez-vous réfléchi jamais à ce que vous disiez là? Et si l'esprit de parti vous a fait écrire votre phrase, pensez que l'esprit de parti — j'entends par là l'amour de la vérité — peut me faire écrire aussi, et me faire faire à la face du monde entier la profession de foi que je n'ai faite jusqu'ici que dans mon pays natal.

L'esprit de parti! Peut-être croirez-vous que c'est encore lui qui me fait prendre la plume en ce jour. Eh bien, oui, Monsieur; mais j'entends l'amour de la vérité, comme je viens de le dire, ou, plus particulièrement pour l'ensemble de cette lettre, l'amour du vrai, du bon et du beau, ainsi que j'en ai parlé dans les premières pages.

Or, je lis dans une littérature, que tout narrateur doit exposer le fait nettement et sans détour, et retrancher tout ce qui lui est étranger. Je retranche donc ce que j'allais dire de l'esprit de parti, car ce n'en est pas le lieu, *non est hic locus*, et je poursuis l'examen de votre *Caméléon*, après vous avoir prié de croire que la dernière phrase que je viens d'examiner ne peut être approuvée par aucun homme tant soit peu étranger à l'esprit de parti, j'aime à répéter le mot.

Et comment, Monsieur, osez-vous dire plus bas : *Pour tirer une grande moralité de ce petit fait, ainsi fut justifiée une fois de plus cette parole de l'Écriture : « Quand même vos péchés seraient rouges comme du cramoisi, je les rendrai blancs comme la neige. »* Comment donc, comment osez-vous venir citer l'Écriture Sainte, la parole sacrée, émanée de la vérité même, à propos d'un caméléon, dans une petite brochure que vous avez faite on ne sait trop pourquoi, et qui est loin d'être une homélie, un discours sacré, ou quelque œuvre enfin où l'on puisse citer nos Saints Livres. J'ose penser que vous ne les méprisez pas comme M. Ernest Renan, et cependant quelqu'un peut-il douter que l'on ne doive bien avoir un grand respect pour les Écritures?

Avec la page 4, vous commencez un alinéa où vous racontez *à votre manière* l'hiver de 1830. Vous passez à un autre alinéa, et vous y parlez de l'âne de Mathieu. Je ne vois pas, et vos lecteurs ne voient pas la liaison qui existe entre ces deux alinéas, la transition que vous 'employez pour passer de l'un à l'autre. Il est cependant constant que les transitions ne sont point du tout à dédaigner ; et lorsque vous avez suivi un cours de littérature, on vous a appris que la *lettre* est le seul genre de composition qui ne réclame pas une suite, une unité, et que c'est là seulement qu'on peut passer sans transition aucune d'un sujet à un autre, sans aller contre les règles générales de la composition. Mais le *Caméléon* n'est point une lettre : les transitions étaient donc de rigueur, et *ubi deest transitio, nisi in litteris, adest culpa.*

Avez-vous lu jamais dans quelque livre bien écrit qu'à la vue des souffrances de leurs peuples, les monarques se soient proposé l'échange de leurs royaumes, de telle sorte que les Français auraient émigré en Laponie, et les Lapons en France? Je serais curieux de voir par quels décrets furent faites de telles propositions, et quels furent les diplomates qui les négocièrent. Mais ce que j'aurais voulu voir, ce que vous avez vu sans doute dans votre burlesque imagination (on peut bien vous appliquer le mot de Boileau pour Cyrano), c'eût été nos braves Français chargeant leurs biens sur les épaules et s'acheminant vers le Nord. Ils seraient allés demander à l'océan glacial les bains de mer ou les eaux thermales, et sans nul doute ils eussent, dans la nouvelle Zélande, trouvé une autre île de la Conférence où, comme autrefois, se fût signée la paix entre les deux monarques.

Quant aux Lapons, habitués au jour astronomique de six de nos mois, ils n'auraient pu sans doute s'accommoder de nos douze heures de jour ; et, autre inconvénient, ils n'auraient pas su tirer parti de toutes les excellentes choses dont est riche le sol français et que nous leur aurions abandonnées.

Les Arabes, ajoutez-vous, seraient allés, au galop de leurs fougueux coursiers, réchauffer leurs membres transis au soleil ardent du nord de la Sibérie. — Vous auriez été bien aimable de nous dire comment ils auraient fait pour emporter le corps de Mahomet et son cercueil de plomb avec la salle au plafond aimanté. Peut-être auraient-ils trouvé moyen de transporter sur les chameaux de l'Arabie déserte la ville du prophète et le puits vénéré. Mais apparemment il leur eût été bien difficile de faire le pèlerinage qu'ordonne le Coran, s'ils n'avaient pas trouvé les moyens de transporter dans la Sibérie le pays natal tout entier.

Mais pourquoi nous occuper plus longtemps de choses qui n'ont eu de réalité que dans votre imagination, de traités entre souverains qui n'existent que dans vos rêves? Il vaut mieux passer à un nouvel ordre d'idées, tout en continuant l'examen du *Caméléon,* et voir si vous n'êtes pas encore en défaut dans une appréciation littéraire, comme vous venez de l'être dans un fait prétendu historique et purement fictif.

Permettez que je vous demande si jamais vous avez nourri votre esprit de la lecture des quatre volumes des *Martyrs* ou des trois volumes du *Génie du Christianisme?* Permettez, en un mot, que je réhabilite la mémoire du vicomte de Châteaubriand, surtout lorsque vous l'attaquez si bien par une simple phrase, et je vais vous en faire voir toute la portée, si vous ne l'avez pas assez comprise, quoique vous en soyez l'auteur.

Avez-vous jamais pensé à ce que vous écriviez dans ces mots : *Les ouvrages dans lesquels Jussieu et Linné exposent le système de leurs classifications auraient eu le triste sort des œuvres de Châteaubriand, celui de se transformer en cornets de tabac.*

Je ne dis rien de Jussieu et de Linné, je ne parle ici que du vicomte de Châteaubriand.

Vous prétendez donc que les œuvres de cet écrivain se sont transformées en cornets de tabac. Vous avez voulu dire sans doute que les nombreux libraires auxquels on les demandait donnaient une prise de tabac à l'acheteur, comme par civilité, ainsi que je fais lorsque, prenant une prise, j'en offre à mon voisin, et c'est là ce que vous appelez se transformer en cornets de tabac. Mais non, Monsieur, vous étiez moins original en écrivant votre phrase; il faut ajouter que vous étiez, de deux choses l'une, ou fort ignorant, ou fort aveuglé. Vous étiez fort ignorant de porter sur Châteaubriand un jugement semblable, puisque l'ayant lu vous étiez incapable de le juger; vous étiez encore fort ignorant en ne pensant pas qu'on saurait bien relever votre phrase et vous la lancer au visage. Ce n'est pas moi, Monsieur, ce n'est pas moi qui vous le dis, car ce sont plutôt tous vos lecteurs; tous se font la question suivante : « Puisque les œuvres de Châteaubriand se transforment aujourd'hui en cornets de tabac, que deviendront, après avoir été lues, les pages *si sublimes* du *Caméléon?* » Eh bien! je ne veux pas rester inférieur à l'opinion publique, et j'ose vous demander ce que vous pensez vous-même de vos pages, si elles auront seulement le sort que vous faites à celles de l'écrivain en question, ou si même elles seront mieux partagées. Essayez de vous répondre à vous-même.

Voilà donc comment je dis que vous étiez sans doute fort ignorant. Je dis que vous étiez fort aveuglé, si n'ignorant pas le contresens littéraire que vous faisiez, vous vous soumettiez à l'opinion de ceux qui pensent mal de Châteaubriand, par esprit de parti. Mais comme il n'est personne pour ne pas admirer assez le style et l'ensemble de cet écrivain, comme il n'est personne qui ne soit bien émerveillé de ses écrits, il s'ensuit qu'il n'y avait personne à l'opinion de qui vous puissiez vous soumettre; d'après cela vous ne pouviez pas être aveuglé, et la première hypothèse reste : *vous étiez fort ignorant.* Sans doute que vous avez compris.

Alors, laissons cette discussion, car vous devez savoir que quand le nom de cet écrivain sera effacé de l'histoire de la littérature, le vôtre aura disparu depuis bien longtemps de la mémoire de vos concitoyens, et vos ouvrages seront bien de ceux que Boileau condamne à rester chez Barbin.

Aussi, je me hâte de passer — en vous souhaitant meilleure fortune pour la suite — au discours que vous mettez dans la bouche de votre drôle de personnage. Et d'abord, dites un peu ce que signifie, à la page 5, *la dague sanglante remplacée par une plume noircie d'une matière puante, méprisée?* C'est une élégante périphrase qui sans doute ne vous appartient pas; mais je ne sais pas si dans son discours votre bon campagnard de Caméléon, votre rustre (puisque vous parlez de seigneurs), pouvait parler d'une manière aussi recherchée, et si les phrases à effet sont naturelles dans sa bouche? Il n'est pas dans la nature des habitants de la campagne de parler de la sorte, et l'écriture n'a jamais été sensément appelée *caractères diaboliques,* non plus que les offices de l'Église et le Saint Sacrifice *mystérieuses incantations.*

Vous faites de Cicéron et de Virgile des encenseurs de peuple et de roi dans une tirade pompeuse, dans un distique rampant. Mais quel est le roi de Rome qu'ont encensé Virgile et Cicéron? Vous connaissez l'histoire romaine : quel roi régna à Rome du temps de ces auteurs? Les seuls rois reconnus par les historiens sont Romulus et les six qui le suivirent, et leurs règnes embrassèrent une époque de 244 ans. Or, ce fut l'an 690 de Rome que Cicéron découvrit la conjuration de Catilina, 63 avant J.-C. Pour encenser un roi, Cicéron aurait au moins vécu sous le dernier roi, c'est à dire, selon vous, 446 ans avant la conjuration précitée. Ce serait à peu près la vie des patriarches, et *certes* du temps de Cicéron la durée de la vie était bien plus restreinte. — Quant à Virgile, je n'ai trouvé ni dans les *Bucoliques*, ni dans les *Géorgiques*, ni dans l'*Énéide* le moindre vestige de distique, la moindre apparence qu'il eût voulu faire un pentamètre. Et de plus, il faudrait lui donner la même vie qu'à Cicéron, et quelques années encore.... Voilà ce que j'appelle invraisemblable, absurdité.

Mais, Monsieur, page 6 : *Ces messieurs ont toujours pensé qu'il y a un cercle d'erreurs qu'il faut avoir parcouru avant d'arriver aux véritables solutions;* que voulez-vous dire ? Le savez-vous ?— Si vous n'avez que des injures à jeter à la face des gens, faites-le tout de bon, car il y a plus à se plaindre d'un quelqu'un qui agit en dessous, qui fait sous main ses petites affaires, et cache le ressort de la machine, pour que le coup n'en soit que mieux porté en restant imprévu. Je laisse à votre bonne foi le soin de vous condamner.

Vous me direz peut-être que ce n'est point vous qui dites de telles choses, et que vous n'avez fait que transcrire les paroles de votre héros. Cette raison est complètement nulle ; elle ne peut du tout être présentée ; cette nullité est reconnue, et je crains bien que vous ne puissiez vous disculper par quelque autre détour. Le discours, en effet, que vous mettez sur les lèvres du Caméléon est-il historique ? Non, il est de votre invention ; ce sont vos idées que vous lui attribuez, et, comme vôtres, vous en êtes responsable. Aussi, c'est sur vous que retombe tout ce que les lecteurs déversent de mots piquants sur de telles phrases, et, entre nous soit dit, vous le méritez un peu.

Après cela, vous prétendez que *l'ignorance était nécessaire, car d'elle devait éclore le premier germe de liberté. Pierre l'Ermite,* ajoutez-vous, *le porta de Jérusalem, le déposa au fond des cœurs et l'y développa par sa prédication de la croisade contre les musulmans.* Et plus bas, parce que les serfs *prêtèrent l'oreille aux discours des prêtres et se rappelèrent qu'ils étaient des hommes aussi bien que leur seigneur, qui les traitait en brutes, dès ce moment,* dites-vous, *fut assuré le succès de l'expédition.* C'était donc uniquement pour que les serfs échappassent à l'esclavage; c'était donc pour faire éclore le premier germe de liberté que Pierre l'Ermite prêcha la croisade? Mais comment ne pas suivre l'histoire, qui est, ce me semble, formelle là-dessus? Le but des croisades n'était-il pas de délivrer le Saint-Sépulcre? Et puis, vous parlez d'Urbain II; vous prétendez que les anathèmes durent fulminer, et que les nobles partirent enfin sous un ciel gros d'orage, et que de cet orage se détachait à l'horizon la date funeste et bénie de 89.

Vous mettez donc la Révolution sur le compte d'Urbain II, sur celui de Pierre l'Ermite, et de tous les rois, de tous les princes qui entendirent ses paroles, qui obéirent à son appel; sur celui, en un mot, des croisades. Êtes-vous de bonne foi? Est-ce là l'enseignement de l'histoire? Faut-il vous prouver que vous errez, que vous êtes aveugle, qu'un épais bandeau dérobe à vos paupières la lumière bienfaitrice de l'histoire? D'ailleurs, ce n'est pas la première fois que je vous trouve en défaut au point de vue historique; et j'ajoute qu'à la lumière que jettent les historiens sur les temps passés, l'évidence ne se démontre pas, car pour ne point voir, il faut ne vouloir pas voir.

Le premier alinéa de votre page 8 semble rétracter tout ce que vous avez dit; vous faites en quelque sorte votre amende honorable; mais Monsieur, elle ne peut être prise en sérieuse considération, car, je l'ai dit plus haut, vous êtes responsable.

Ici, Monsieur, page 10, vous supposez qu'Adam bégaya le langage de la passion à notre première mère en savourant avec elle le fruit défendu. — Vous moquez-vous de la Religion et de la Bible? On le croirait.

Enfin, Monsieur, il faut bien vous le dire, je suis confus de passer tant de temps à vous réfuter, à vous faire toucher du doigt les mille erreurs contenues dans votre *Caméléon*. Aussi, je dirai en résumant les sept ou huit pages qui suivent, qu'elles sont au même niveau que celles qui les précèdent : je n'ai pas besoin par conséquent de les passer en revue.

Cependant, j'ai honte de terminer ainsi, et je veux encore vous demander ce que signifient ces trois lignes de la page 18 : « *Le prince était parti depuis un quart d'heure, quand arriva essoufflé, exténué, près de défaillir, le curé de l'endroit, avec sa harangue sous le bras. Tout le monde rit : la comédie était jouée.* » — Il faut avouer que vous vous êtes bien ri de ce pauvre curé durant le cours de votre brochure; mais il faut avouer aussi que vos lecteurs se sont bien plus ri de vous, et vous l'avez mérité. Le curé arriva tout essouflé, tout exténué, près de défaillir. Dites-moi un peu quel a été votre propre état lorsque vous êtes arrivé à la fin de votre manuscrit? Je crois que vous deviez bien suer, portant sur vos épaules (et non sous le bras) les absurdités dé votre œuvre.....

Vous ajoutez : « *Vici, væ victis !* » Eh bien! j'emprunte votre expression, et je dis aussi : *Vici, væ victis !* — Tâchez que vos prochains ouvrages soient mieux que le *Caméléon.* Vous nous avez annoncé la *Comédie périgourdine :* je désire que ce livre-là obtienne un peu mieux la faveur populaire, et qu'il réhabilite votre nom dans l'esprit de vos concitoyens.

Monsieur, en terminant cette longue lettre, qui est bien une espèce de polémique, — bien que vous ne l'ayez pas recherchée, mais que l'amour de la vérité et celui de la littérature me commandaient d'entreprendre, — j'ose vous prier de ne me point conserver de rancune et de me croire toujours, comme je vous le disais en commençant, celui qui fut votre affectionné dans le temps comme il est votre ami aujourd'hui.

Si notre destinée voulait encore que nous nous trouvassions sur la même voie, j'aime à espérer que je ne serais plus pour vous ce que fut Boileau pour Chapelain; d'ailleurs, votre conscience me pardonne la sortie que je viens d'opérer. Plus tard, sur la voie qui mène au temple d'Apollon, nous nous retrouverons en amis, ainsi que nous le fûmes jadis sur les bancs de l'école, disant l'un de l'autre ce que j'écrivais au commencement de cette lettre : *Animæ dimidium meæ.*

C'est ce qui me fait espérer, Monsieur, que vous daignerez me croire toujours

Votre très humble et très obéissant serviteur,

Jacques PEYRAT.

Ce 8 septembre 1863.

Bordeaux. — Imp. G. Gounouilhou, rue Guiraude, 11.

Bordeaux. — Imp. G. Gounouilhou, rue Guiraude, 11.

www.ingramcontent.com/pod-product-compliance
Lightning Source LLC
Chambersburg PA
CBHW061111050726

47594CB00005B/1886